만화로 보는

3분 철학

③ 서양 현대 철학편

만화로 보는

3분 철학

③ 서양 현대 철학편

김재훈 글·그림
서정욱(배재대학교 심리철학상담과 명예교수) 글

PROLOGUE

우리는 철학을 왜 배워야 할까요?

    인문학이 필요하다는 말은 얼마 전부터 여기저기서 많이 보입니다. 그리고 실제로 인문학의 기초나 지식을 알려주는 강의나 방송 또는 책이 유행하기도 했죠. 그런데 역사나 문학, 예술과 같은 학문에 비해 철학이라는 말은 몹시 낯설고 어렵습니다. 용기를 내서 철학책을 펼쳐보려고 해도 무슨 말인지 이해하기 어려워 덮어두기 일쑤죠.

    뜬구름 잡는 어려운 소리만 말하는 것 같은 이 학문을 우리는 왜 알아야 할까요?

    철학은 지혜의 학문입니다.

    철학은 영어로 필로소피^{Philosophy}라고 합니다. 지혜를 뜻하는 소피아^{Sophia}와 사랑한다는 뜻의 필리아^{Philia}가 합쳐진 단어죠. 즉, 지혜를 사랑하는 학문이라는 의미입니다.

한자로 쓰는 철학哲學이라는 단어도 마찬가지입니다. 철哲이라는 글자에는 '슬기롭다'는 뜻이 포함되어 있죠.

지혜롭다, 혹은 슬기롭다는 것은 당장의 쓸모를 의미하지 않습니다. 지혜로운 마음과 슬기로운 태도는 당장 밥을 사 먹거나 은행 이자를 불리는 문제에 실용적인 해답을 주지는 않습니다. 그렇지만 우리가 어떤 역경에 부딪혔을 때 더 다른 관점을, 그리고 더 넓은 시야를 제공해줄 수 있죠.

단지 배우고 익혀서 어딘가에 써먹을 수 있는 지식이 아닌, 보다 슬기로운 길을 알아가기에 적합한 태도의 학문이라는 겁니다.

우리가 '철학'이라고 부를 때 떠올리는 건 머리가 아프고 어렵고 복잡한 이미지일지도 모릅니다. 윤리 교과서에서 등장하는 철학사의 위인들까진 그럭저럭 받아들이더라도 현대 철학은 그보다 훨씬 난해하고 심오하기 때문이죠.

그 이유는 철학의 사명이 어느 시대에나 기존의 통념을 깨고 새로운 관점에서 세계를 해석하는 일이었기 때문입니다. 지금부터 우리가 만날 현대의 철학자들은 지난 권에서 정비되었던 인간 이성에 대한 신뢰에서조차 탈피하기도 합니다.

본래 철학은 세상 모든 학문을 의미했습니다. 그러다 인류가 발전하면서 철학의 한 분야였던 각각의 학문들이 독립해 나갔죠. 현대가 되어 역사, 문학, 과학, 수학, 공학 등 독자적으로 꽃피고 있는 학문들 사이에서 가지치기를 하고 덩그러니 남은 철학은 무엇을 탐구하고자 할까요?

이 책에서 다루는 현대의 철학자들은 지난 두 권에서 소개한 철학자들보다 파격적인 사상을 전개했습니다. 그중에는 니체나 사르트르, 마르크스처럼 우리가 이름을 들어본 사상가들도 있죠.

그들의 사상은 초기 철학이 태동했던 때와 비교하면 무척 복잡하고 어렵지만 그들이 던지는 질문은 우리 세대와 함께 공유할 수 있는 뿌리를 가지고 있습니다.

생각하되 좀 더 슬기롭게 인간과 사물을 바라보고 그러기 위한 다양한 방법들을 모색하는 것. 철학은 그런 태도에서 출발한 학문입니다. 그런데 우리는 이 철학을 배울 때 언제나 막막하고 어려움을 느낍니다.

아주 오래전부터 최근까지 숱한 철학의 거장들이 펼쳐낸 슬기로움의 행적들을 이해하기 쉽게 편안한 마음으로 훑어볼 수 있다면 얼마나 좋을까요?

처음 이런 생각을 했던 것은 대학원에서 수업을 들었을 때였습니다. 호기심과 지적 허영심이 다시 발동해 학부에서 제대로 전공을 마친 석·박사 과정 학생들 틈에 껴서 수강을 했습니다. 그런데 학기 중 두어 차례 돌아오는 발제가 이만저만한 부담이 아니었습니다. 기라성처럼 느껴지는 철학, 사회학, 인류학 전공자들의 발표에 지지 않을 방법을 궁리하다가 읽고 이해하고 정리하기에 골치 아픈 텍스트를 그림과 도해로 풀이하는 편법을 써봤습니다. 만화로 만든 발제였죠.

  반응이 아주 좋았습니다. 철학을 쉽게 배우고 싶은 마음은 누구나 같습니다. 이 책은 그런 마음에서 나왔습니다.

  어려운 학문이라고 불리는 '철학'의 기초를 차근차근 만화로 풀었습니다.

  이 책의 주인공인 경자 씨는 철학에 대해 아무것도 모르는 평범한 사람입니다. 물론 철학을 몰라도 사는 데에 전혀 지장이 없었죠. 하지만 이 책을 통해 여러분과 함께 철학사를 차근차근 함께 배우며 사고의 폭을 넓히고 지혜에 한 발 가까워질 예정입니다.

  독자 여러분도 경자 씨와 함께 이 여정을 함께 떠나봅시다.

PROLOGUE

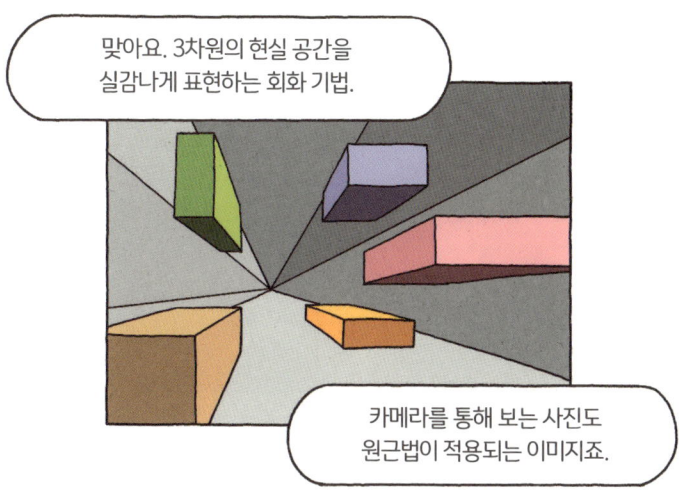

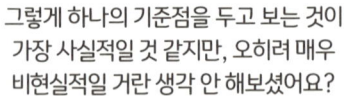

그렇게 하나의 기준점을 두고 보는 것이 가장 사실적일 것 같지만, 오히려 매우 비현실적일 거란 생각 안 해보셨어요?

아니? 왜?

소실점을 두는 광경은 우리의 시선이 한 치의 흔들림도 없이 완벽하게 고정될 때만 가능한 이미지거든요.

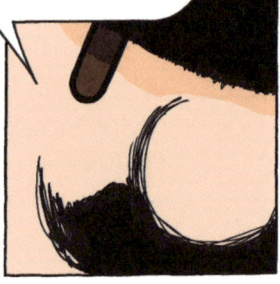

하지만 우리 눈의 초점은 계속 바뀌잖아요?

첫사랑이 눈에 들어온 순간을 제외하면요.

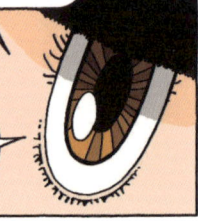

그래서 진취적인 화가들은 사진이 널리
보급된 후에도 나름의 시선으로 생생한
현실을 표현할 방법을 모색했죠.

> 철학에서 생각의 소실점 사고란 뭘까요?

> 뭐, 결국 인간의 이성이겠지?

> 맞아요.

> 인간이 이성에 따라 자율적으로 판단하고 의지대로 행위 한다는,

> 그래서 사고의 주체는 당연히 인간이라는 생각의 구심점이죠.

현대 철학자들은 그 관점을 집요하게 깨트려 나갔어요.

> 언젠가는 이런 날이 올 줄 알았다.

CONTENTS

PROLOGUE 우리는 철학을 왜 배워야 할까요?   010

1 공리주의:
벤담과 밀   020

2 조작된 도덕을 너희 손으로 죽여라 :
니체   044

3 불안하고 가여운 나의 실존이여 :
키르케고르   070

4 누구를 위하여 노동을 하는가? :
마르크스   094

5 언어의 구조 :
소쉬르   120

6 현상학의 기획자 :
후설   154

7 언어 게임 속으로 :
비트켄슈타인   182

8 존재를 밝혀야 한다 :
하이데거   210

9 실존주의 전도사 :
사르트르   234

10 구조주의 도우미 :
라캉   268

EPILOGUE   306

공리주의

벤담과 밀
Jeremy Bentham & John Stuart Mill
1748 ~ 1832 / 1806 ~ 1873

공리주의를 뜻하는 영어
Utilitarianism의 어근인 Utility가 의미하는 것은
'유용함'이다.

칸트의 윤리학이 행위의 순수한 동기를 따지는 것과 달리
공리주의는 행위가 가져다주는 결과가
개인과 사회에 얼마나 유용한지만 평가한다.

즉, "더 많은 유익을 낳는 것이 도덕적이다"라고 하는
알기 쉬운 윤리학이다.

인간 윤리에 대한 공리주의적 해석은
이전의 형이상학에서 다루던 것에 비해
명쾌하기 그지없다.

제레미 벤담과 존 스튜어트 밀은 현실 사회에 적용했을 때
실제 효과를 거둘 수 있는 윤리학이
그 시대의 요청이라고 판단한
개혁가들이었다.

"정의란 무엇인가?"라는
질문이 회자된 적이 있었죠.

정의는 '올바름'과 '공정'을
뜻하는 것이기에

그것은 개인과 사회의
윤리에 관한 문제 제기인 것입니다.

윤리 문제는 쉽게 풀 수 있을 것 같지만

그리 간단하지는 않습니다.

그리고 사회가 복잡다단할수록
답을 찾기가 더 까다로워집니다.

근대에 교과서적인 윤리 답안을 낸 철학자는 칸트였습니다.

칸트는 도덕의 기준을
행위의 결과에 두지 않았고

행위의 목적에서도
발견하지 않았답니다.

오직 마음 깊은 곳에 있는 순수한 도덕 의지.

그것이 보편적인 도덕 법칙에
타당하도록 행동할 것.

그것을 정언명령이라고 했죠.

그러나 19세기에 전혀 다른 윤리 답안을
제출한 사람들이 있었어요.

그들은 시민혁명과 산업혁명으로
달라진 시대에 걸맞는 윤리관을 제시했는데요.

공리주의라는 이름을 달고 등장한 그 사상은

복잡하거나 어렵지 않고 단순했으며

무엇보다 명쾌했어요.

대표적인 공리주의 사상가였던 두 사람.

그들은 윤리의 핵심이
행복을 증진시키는 것이라 보았어요.

인간의 행복을 이루는 요소가
쾌락이라는 점에도 의견이 일치했어요.

그런데 인간의 쾌락을 다룬 대목에서는
두 사람의 견해가 갈렸어요.

벤담식 양적 공리주의의 관심사는 오직
행복의 양을 늘리는 것이었기 때문에

그러기 위해선 모든 종류의 쾌락을
정량적으로 파악해야만 했어요.

그래서 쾌락과 행복의 점수를 산출하는 계산법까지 고안했는데,

행위의 결과로 얻어질 쾌락의 양을
일곱 가지 범주로 계산하는 방법이었답니다.

그런데 벤담의 계산법은 다수에게 미칠
파급 효과 또한 고려한 것이었거든요.

그렇다 해도 행복을 구성하는 여러 측면들을
무리하게 양으로 환원했다는 점에서 한계가 있는 이론이었죠.

한편 같은 공리주의자인 밀의 생각은 조금 달랐어요.

밀은 아버지로부터 강도 높은 조기 영재교육을 받았는데,

그의 아버지는 벤담을 적극 지지했던
명망 있는 학자였어요.

밀은 행복이 도덕의 기초라는 벤담의 생각에
기본적으로는 동의했어요.

하지만 쾌락의 양만 따지기에 앞서서
질 좋은 쾌락과 질 낮은 쾌락을 구분했어요.

단지 배부르면 만족하는 동물적 본능이나
육체적 즐거움을 탐닉하는 저급한 쾌락이 있는 반면,

학문과 예술을 추구하는 지적인 쾌락과
더 높은 가치를 달성하려는 고급스러운 쾌락이 있다고 보았으며

만약 두 종류의 쾌락을 모두 맛본 인간들 중에서

설령 동물적인 저질 쾌락의 유혹을 뿌리치지 못하는
사람이 있다 하더라도

제대로 된 인간이라면 결코 우매한 쾌락에
동조하지 않을 거라는 게 밀의 생각이었어요.

그리고 그는 개인을 넘어 타인과 사회의 행복을
더욱 강조하면서

"네 이웃을 네 몸 같이 사랑하라"라는 예수님의 언행을
도덕의 황금률로 여겼어요.

공리주의가 밀에게서 좀 더 다듬어진 셈입니다.

행복의 기준을 쾌락의 양보다
참된 인간의 양심에 두며

다시 인간은 어떤 가치의 도덕률을 따라야 하는지를
숙고하게 되었어요.

벤담과 밀, 두 사람은 당시로서는 매우 개혁적인 입법론자들이었어요.
그들은 이해관계가 충돌하는 현실 사회에서
효율적인 재화의 분배를 고민했기에,

공리주의는 다수의 시민들에게 유익한 법률 제정을
염두에 둔 사상이었던 거죠.

조작된 도덕을 너희 손으로 죽여라

니체
Friedrich Nietzsche

1844 - 1900

"신은 죽었다"라는 말만 들으면
니체의 철학은 위험하고 두렵다는 생각이 든다.

하지만 그의 사상은 니체 자신이 겪었던
억압된 욕망의 승화를
정신분석학적 소재로 삼았다는 점에서 볼 필요가 있다.

그래서 인간의 위선을 질타한
『도덕의 계보』나 주어진 운명을 긍정으로 해석하는
『자라투스트라는 이렇게 말했다』를 읽으면
그의 철학이
이전에 몰랐던 인간의 강인함을
새롭게 밝히기 위한
일종의 사고실험이었다는 사실을 알게 된다.

정말 무시무시했던 철학자.
세기가 낳은 문제적 인물.
프리드리히 니체.

그는 1844년 독일에서
목사였던 아버지와 목사의 딸이었던
어머니 사이에서 태어났어요.

할머니와 어머니, 고모들, 그리고 누이들 틈에서 자랐죠.

재능 많고 성경 인용도 곧잘 해서
'꼬마 목사'라고 불리기도 했대요.

그런데 섬세하고 자존심 강한 성격이 차츰 도드라져서

주변 친구들과 그리 잘 어울리진 못했답니다.

어쨌든 니체는 여러모로
비범한 인물로 성장했어요.

청년 시절엔 당대 문화계 거장이었던
바그너와 교류했고,

스물네 살에 이미
대학교수가 되었어요.

그리고 비범한 두통과
우울증에 시달렸어요.

20대 후반에 자신의 비범한 인생관과
문화적 안목을 담은 첫 책을 출간했는데,

실로 비범하게 학계와 대중으로부터 외면당했어요.

그 무렵 그는 건강이 더 악화되어 교수직을 사퇴하고
유럽의 여러 지역을 떠돌았는데,

그 와중에도 여러 권의 책을 썼지만 어떤 것도 당시에는 주목받지 못했어요.

1889년 어느 날 거리에서 발작과 함께 정신착란을 일으킨 후

끝내 정신을 찾지 못하고
수용 시설에서 비범했던 생을 마감했어요.

니체는 인간의 윤리 의식 이면에 숨겨진 비밀을 추적했는데

칸트 같은 철학자들이
도덕과 선의 본질을 탐구했던 것과 달리,

니체는 우리가 상식으로 여기는 도덕이
실은 조작된 위선임을 폭로했어요.

니체에 따르면 강자는 원래 힘을 드러내는 일에 거리낌이 없었어요.

그들은 강력한 힘을 고귀한 명예로 여겼으며

도덕에 관한 기준 또한 스스로 정해서 가졌죠.

반면, 약자들은 자신들에게 가해지는 지배력을
악으로 간주했으며

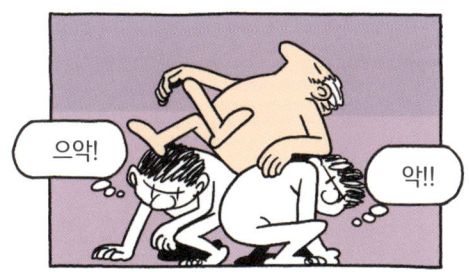

강자들이 누리는 것들을 부정하며 위안을 얻는
소극적 도덕관을 가졌는데,

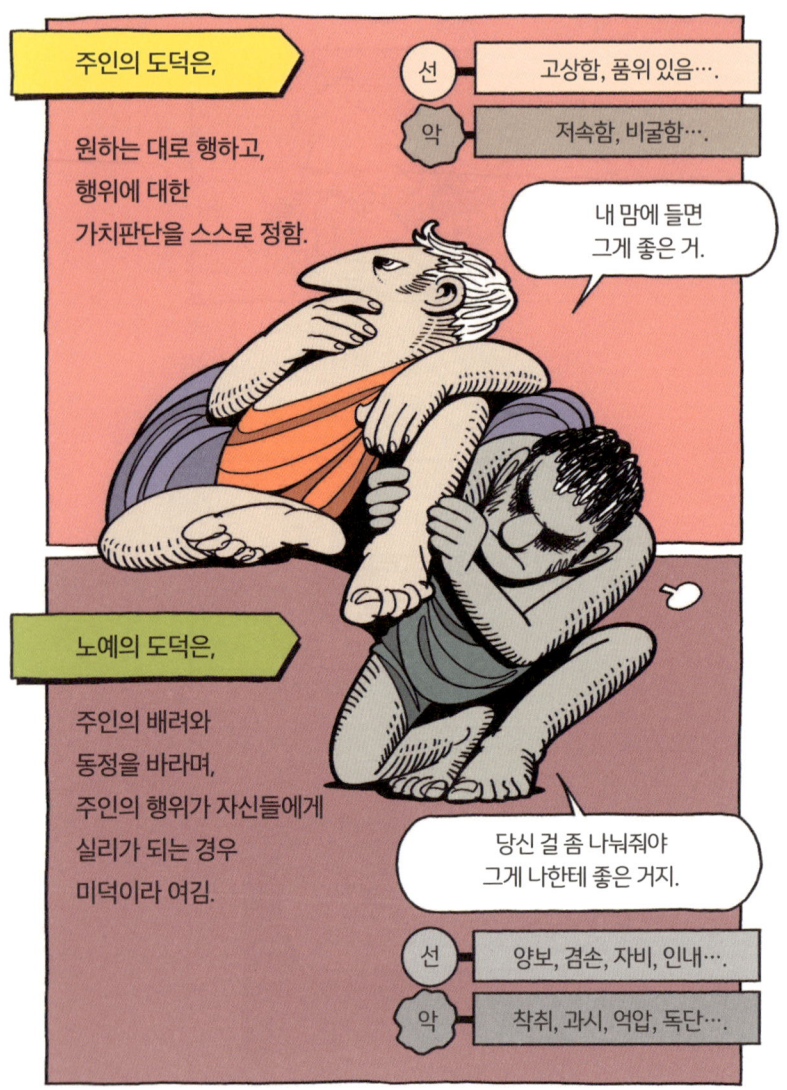

그런데 노예들은 자신들에게 없는 주인의 힘에
원한 감정을 쌓게 됩니다.

니체는 그걸 **르상티망**이라고 명명했어요.

그리하여 노예들은 현실에서의 패배를
정신적 승리로 뒤바꾸는 반란을 획책하죠.

그 노예들의 반란에 이념적 정당성을 부여해준 주범이
다름 아닌 그리스도교였으며,

그로부터 인간세계에 지금과 같은 나약한 도덕관념이
자리잡게 되었다는 것이 니체의 계보학적 분석이었어요.

참으로 간교한 반란이었지.

그 바람에 강자는 발휘하지 못하게 된 힘의 욕구를 내부로 돌려 자기를 고문해.

그 죄책감을 '양심'이라 부르는 거야.

이제 도덕의 실상이 드러나면서 윤리 체계는 허물어졌어요.

니체는 도덕을 허문 자리에 새로운 인간형을 세웠어요.

무슨?

초인이요.

사실 니체가 허문 건 도덕만이 아니었어요.

본질을 탐구하는 인간의 지식 체계,

더 나은 삶을 지향하는 목적,

삶은 원래 맹목적이야!

그리고 신을 향한 기대와 바람.

절망적인 실존을 회피하려는
방편일 뿐.

니체는 나약한 인간이 삶을 지탱하기 위해 의지한
모든 가치의 척도가 허상이었다고 한마디로 일축하면서,

삶에 부여했던 어떤 가치도 남지 않은
지독히 허무한 세계에 인간을 서 있게 만들어버린 겁니다.

니체는 인간이 지금과 같은 처지의 삶을
무한 반복해서 사는 운명을 짊어졌다고 했어요.

그걸 또 니체는 **영원회귀**라고 이름 붙였죠.

그런데 결코 벗어날 수 없는 운명조차
기꺼이 받아들이는 자가 있어요.

주어진 현재의 삶을 보란 듯이 긍정하는 자.

자기 안의 '힘의 의지'를 발견해 스스로의
가치를 창조하는 자.

그런 위대한 인간을 니체는 초인이라고 불렀어요.

니체가 말한 초인의 자질이
남들을 이기는 힘적 우월을 뜻하는 게 아니란 거죠.

오히려 초인은 남들과의 경쟁이나
승패의 규칙 따위에 아랑곳하지 않아요.

질서와 이성을 상징하는 아폴론과 대비되는
'광기'와 '감정'의 신이에요.

초인은 그런 격정과 도취의 신에 가까운 인간형이지만
그게 다는 아니에요.

힘과 욕망을 맘껏 내뿜는 디오니소스적 요소와
아폴론적 절제미가 조화된 인간.

그런 인간형이 바로 니체가 생각한
이상적인 초인이었어요.

신이 죽은 세계에 등장하는 초인은
단지 승리한 무신론자가 아니었어요.

절망을 극복하는 긍정의 철학.
니체의 그 원대한 사고실험은

신의 죽음에서 출발해 초인으로 완성되는
긴 여정이어야 했을 테니까요.

알고 보면 그렇게 무서운
철학자는 아니었네?

수많은 사람들 틈에서 익명의 '누군가'로 살지 말고,

개별자인 너의 삶을 스스로 선택해.

불안하고 가여운 나의 실존이여

키르케고르
Søren Aabye Kierkegaard

1813 - 1855

서양 근대 철학은 칸트와 헤겔을 거치면서
세계를 인식하는 거대한 사상 체계를 구축했지만,
덴마크의 철학자 키르케고르는
인간 개인의 존재에 관한 사유를
그런 체계에 두는 걸 거부했다.

한 인간이 처한 부조리한 존재의 문제는
보편적인 원리나 공식으로 풀 수 없으며
오직 개인이 자신의 삶을 직시하고
스스로의 선택으로 극복해야 한다는 것.

그의 주장은 한 세기 가까이
북유럽의 작은 나라에서 등장한
색다른 견해 정도로 머물러 있었지만
20세기에 들어서
실존주의라는 이름으로 부활했다.

*'안개 바다 위의 방랑자'처럼 서 있음.

실존주의는 20세기 초에
본격적으로 대두된 철학의 흐름입니다.

대표적인 인물로는 사르트르가 있죠.

그들은 세계대전이라는 재앙을 초래한
인간 이성의 무력함을 질타했죠.

이전까지의 철학이 주로 세계의 원리를 탐구하고
개념을 규정했던 것과 달리,

인간 개인의 삶에 초점을 맞춰 존재 방식을 탐구했어요.

그런데 그런 철학적 시도는 19세기에
누군가가 이미 했던 것이었죠.

그 사람은 덴마크의 쇠렌 키르케고르였어요.

키르케고르는 성공한 사업가인
아버지 덕에 부유한 환경에서 자랐어요.

하지만 정신적으로는 불행했답니다.

평생을 죄의식 속에 살았던
아버지의 영향 때문이었죠.

경건주의자였던 아버지는 과거에 저질렀던
두 가지 일로 끊임없이 자책했던 겁니다.

그런 아버지를 보고 자란 키르케고르는
남다른 자의식을 가지게 된 걸까요?

아니나 다를까, 청년 시절 그는 어린 한 소녀를 눈여겨보았다가

그녀가 성인이 되었을 때 진심을 다해 청혼했는데,

정작 결혼을 승낙받자 곧 혼약을 파기해버립니다.

자신의 생에 드리운 그림자를
나눠주지 않으려는 고뇌의 결정이었을까요?

결혼 후에 짊어질 책임을 회피하려 했던 걸까요?

그런데 공교롭게도 그는 파혼 직후에
실존적 인간의 선택에 관해 쓴 자신의 대표작을 발표합니다.
바로 『이것이냐 저것이냐』죠.

선택은 키르케고르의 철학에서
핵심적인 개념 중 하나인데요.

탐미적 삶에는 보편적인 기준이 없어요.

그래서 그는 여러 가면 뒤에 숨어서 책임을 회피하죠.

하지만 그 삶은 늘 빈곤할 수밖에 없어요.

그러한 빈곤을 깨닫는 순간 내부의 동기에 의해
그는 윤리적 단계로 나아가죠.

그의 삶은 여전히 불안합니다.

왜냐하면 그는 **죽음에 이르는 병**에 걸려 있기 때문이죠.

키르케고르는 모든 인간이 죽음에 이르는 병에 걸려 있으며,
그런 절망 때문에 인간의 실존이 불안한 것이라고 합니다.

어떤 이는 삶이 왠지 버겁다고 느끼면서도 영문을 깨닫지 못하고
또 어떤 이는 자신의 상태를 깨닫고 더는 해법을 밖에서 찾지 않기로 하지만

윤리적 인간이 되려는 모든 노력도
절망의 병을 완전히 치유할 수는 없어요.

그래서 그만 실존의 공허함 앞에서 주저앉게 되는데,

병들고 가련한 자신의 실존을 직시하는 그 순간
마지막 단계의 선택이 있다는 걸 깨닫습니다.

바로 실존적 사유의 정점인

신을 향한 믿음이죠.

그 믿음의 결단을 내림으로써, 존재의 공허함이 채워지고
절대적 타자인 신을 마주하게 됩니다.

비로소 그는 '신 앞에 선 단독자'가 되는 겁니다.

그러므로 키르케고르가 말하는 믿음은 지극히 개인적인 경험입니다.

실존주의가 보편적인 삶에 동조하지 않는
개별자의 존재 방식인 것처럼

실존에 있어 종교적 단계인
믿음 또한 개별적인 것입니다.

그래서 키르케고르는 덴마크 국교회를 향해
관습과 제도에 갇혀
그리스도교의 정신을 잃었다고 혹독하게 비판했고

그로 인한 교회와의 극심한 불화와
논쟁에 휩쓸리던 중,
어느 날 기진맥진하여 거리에서 쓰러졌습니다.

그리고 숨졌죠.

키르케고르가 철학사에 던진 물음은
"나 자신은 어떻게 살 것인가?"였습니다.
그리고 그가 남긴 답은,
개별자들을 하나의 개념으로 묶는 보편 인간 속에서
'누군가'라는 익명의 삶을 살지 말고,

철저한 나 자신으로
자기 삶을 직시하라는 것.

그리고 선택과 도약으로
자기 실존을 완성하라는 거였죠.

실존은 왠지 슬프네.

누구를 위하여 노동을 하는가?

마르크스
Karl Marx

1818 - 1883

칼 마르크스는 그전까지의 철학자들이 탐구했던 진리,
즉, 올바름의 문제나 학문적 사유 방법들을
인간의 욕망이 충돌하고
사회체제의 주도권을 놓고 줄다리기를 하는
치열한 삶의 현장으로 끌어내린
실천적 사상가였다.

2차 세계대전 직후부터
소비에트와 동유럽체제의 붕괴까지 약 반세기 가량
지구촌을 이념으로 나누었던 그의 사상이
현실에서 유용한지에 관한 논의는
냉전이 끝난 지 한참 지난 현재까지도
여전히 진행 중이다.

철학사에 등장했던 가장 요주의 인물.

*마르크스가 엥겔스와 함께 쓴 『공산당 선언』의 첫 문장과 마지막 문장.

격동의 19세기 후반을 살면서 일군 실천 사상으로,

20세기 지구촌을 뒤흔든 적색 이념의 태두.

만국의 노동자여!
단결하라!

이 사람을 이야기할
순서가 됐다는 겁니다.

자신의 이름을 딴 이념으로 세상을 소용돌이치게 만든
스펙터클 혁명 서사극의 극작가이자 연출자이자 주인공.

마르크시즘?

이거 '공산주의' 아냐?

공산주의는 마르크시즘을 구성하는 한 가지 요소일 뿐입니다.

그는 철학, 역사, 정치, 경제, 사회학 등
인간사 전반을 아우르는 총체적인 사상 체계를 구축했어요.

『공산당 선언』

『자본론』

『독일 이데올로기』

『정치경제학 비판』

이전의 철학자들은 인간을
사유와 행위의 주체로 여겼잖아요?

세계를 이해하고, 또 변화시킬 수도 있는
존재로서 말이죠.

그러나 마르크스가 본 인간의 모습은 달랐어요.

오히려 인간을 둘러싼 외부 환경이 개인의 존재를 결정짓는다고 보았죠.

여기서 외부 환경이란 물질적 여건을 말하는 거예요.

예를 들어 부유하고 권력을 가졌을 때와
궁핍하고 열악한 처지일 때 인간의 존재 방식은 다르며,

자신의 존재를 의식하고 사유하는 질적인 측면까지
물적 토대에 의해 좌우된다는 거죠.

그리고 기술의 발달과 같은 물질적 조건이 달라지면
인간의 의식구조 또한 바뀌게 마련입니다.

이처럼 인간의 정신과 물질의 관계를 전복시키는 사상,
즉 유물론입니다.

물질을 토대로 조성되는 인간관계는

갈등과 모순을 내포하는데,

그런 갈등은 계급투쟁으로 이어지고

투쟁의 물적 동력은 역사를 진척시킵니다.

인간 사회의 역사는 모두 계급투쟁의 과정이었다는,

그 생각을 유물론적 역사관, 혹은 **사적유물론**이라고 부릅니다.

마르크스가 살았던 당시는 자본주의가 흥했던 시대였죠.

상품이란 건 자본주의의 핵심 개념 중 하나거든요.

마르크스는 물건이 지닌 두 가지 측면의 가치에 주목했어요.

그러나 물건이 교환되는 관계에서는 양적인 비교가 발생합니다.

교환가치 Exchange-value

이 칼의 교환가치는?

등심 두 판 정도?

모피는? 등심의 백 배? 혹은 천 배?

그리하여
질적인 속성을 잃고
양적으로 거듭난 물건.

그것이 바로
'상품'입니다.

 × 100 =

그럼 상품의 가치를 매기는 기준은 뭘까요?

마르크스는 그걸 '노동시간'으로 환산했어요.

자본주의에서 상품의 교환으로 이득을 얻는 이들은 따로 있어요.

자본가는 축적된 부를 통해
생산수단을 소유하게 된 자, 즉 부르주아들이에요.

그들은 생산 현장에서 상품을 만들어줄 노동자를 고용하는데,

상품의 교환가치에 비해 항상 노동시간의 가치를 낮게 잡죠.

노동시간의 가치, 즉 노동자의 임금과 교환가치의 차이로 발생하는 잉여가치.

애초에 자본가의 목적은
상품이 아니라 오직 이윤이기 때문에

이윤의 극대화를 위해서는
갖은 방법을 동원해요.

그런 과정이 지속되면 계급간 빈부의 차는 더 커지고,

노동자는 노동에서 아무런 즐거움도 느끼지 못한 채,

자기가 만드는 물건과도 영영 멀어지는…

'소외'가 발생하는 것이죠.

그런데 빈곤이 확대되면 상품 구매력도 떨어지게 돼요.
그 폐해는 결국 자본가에게까지 미치게 되겠죠?

종국에는 경제적 토대가 흔들릴 수 밖에 없는 구조.

그것이 바로 자본주의의 내적 모순인 거죠.

모순으로 인한 갈등이 임계 지점을 넘어서면
어떤 일이 벌어질까요?

물질이 열을 받아서 특정 온도에 도달하면
상태가 확 변하는 것처럼,

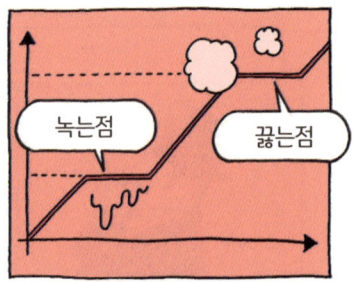

인간 사회의 역사도 극적인 국면을 맞이하게 됩니다.

혁명이죠.

그리고 비로소 모두가 생산수단을
공유하고 이득을 공평하게 누리는
공산주의 사회가 도래합니다.

하지만 오늘날 우리는 유례없는 양극화를 겪고 있지 않나요?

개인간이든,

국가간이든.

무절제한 생산과 소비, 물질 숭배, 탐욕으로 야기되는 기후변화와 잦은 경제 위기 등.

우린 어느 때보다 더 자본주의를 예의 주시하며 성찰해야 할 거예요.

그리고 나름의 개혁과 복지를 통해 더 나은 사회를 만드는 실험을 계속해야겠죠?

마르크스가 했던 것처럼요.

생각하는 인간이 세계에서 주체의 자격을
누린 시간은 꽤 길었다.

데카르트가 이성으로 사유하는 인간을
인식의 무대에 꿋꿋하게 세운 후로
니체, 마르크스 등의 혁신적인 사상가들이
보편적 인간성 모델을 허무는 데까지
줄잡아 두 세기가량 걸린 셈이다.

그리고 20세기 일군의 철학자들은
인간의 합리적 자의식을 뿌리째 뽑아낸 자리에
구조라는 새로운 인식의 틀을 세웠다.

그런 철학의 유행에 동조한 이들을 구조주의자라 불렀는데,
그들에게 학문적 나침반이 되어주었던 이는
언어의 무의식적 구조를 밝혔던 언어학자,
페르디낭 드 소쉬르였다.

인간의 욕망은 항상 더 나은 걸 추구합니다.

자연세계와 사회를 탐구해 얻은 지식을 축적하면서

합리성에 기반한 의식적 활동으로 역사를 발전시켰겠죠?

축적한 기술과 자원을 패권 쟁탈에 쏟아부은
두 차례의 세계대전.

극단적 이기주의가 집단 형태로 표출되었던
파시즘의 준동.

그 가운데 이성이 마비된 것처럼 저질러진 악마적 만행.

인간 세상이 잘될 거라는 낙관론은 상처를 입게 되었죠.

이른바, **구조주의** 철학입니다.

그들은 세상사가 인간의 자율적 활동에 달려 있지 않을뿐더러,

개별 인간의 사유와 행동마저도 온전히 자율적이지 않으며,

의식 바깥의 구조가 인간의 인식과 행위를 규정한다고 보았어요.

그것은 곧 이성을 가진 인간이 더 이상 세계의 주체가 아니라는,

즉, 주체를 구조의 산물로 바라보겠다는 걸 의미해요.

왜냐하면 인간의 모든 사유와 행위는 언어라는 틀 안에서 이루어지는데

그 언어체계는 이성이나 감각 경험과
무관하게 조성된 구조이기 때문입니다.

그래서 세계를 바라보는 새로운 관점과
방법을 찾고 싶었던 구조주의자들은

제각기 연구 분야는 달랐지만
한가지 아이디어를 공유했어요.

세계의 현상을 이해하려면
바탕에 깔린 언어의 구조를 탐구해야 한다는 목표 의식.

프랑스의 언어학자 페르디낭드 소쉬르의
가르침이었어요.

언어에 대한 소쉬르의 생각은
전통적인 언어관과는 판이하게 달랐는데,

이 둘 사이에는 아무런
연관성이 없었단다.

그걸 이해하려면 몇 가지
용어를 살펴야 해요.

첫 번째로 파롤과 랑그

parole

파롤은 사람들이 의사소통을 하려고
소리나 글로 나타내는 발화 요소이며,

파롤이 뭐야?

파롤이 뭐야?

파롤이 뭔데?

파롤이 뭣이여?

왓 이즈 파롤?

langue

랑그는 언어 행위가 가능하게끔 저변에서 작동하는 보편적 규칙입니다.

모두 파롤이 뭔지 궁금해하는군.

내가 이걸 아는 건, 저들의 파롤이 랑그를 따르고 있기 때문이지.

파롤은 사람에 따라, 그리고 같은 사람이라도 매번 다르게 발화되지만 랑그는 변함없는 규칙이죠.

언어 행위를 체스에 비유해보겠습니다.
기물들을 파롤이라 한다면 그것들은 모양이 다를 수도 있고,

때로는 특정 기물을 다른 물건으로 대체할 수도 있지만

게임은 약속된 룰에 따라 차질 없이 진행되는데,
그 룰이 바로 랑그에 해당되지요.

그렇게 미리 약속된 규칙이 있기에 게임이 가능한 것처럼,

모든 언어 행위는 언어의 틀 안에서 이루어지며,
그 틀은 행위자의 의지로 바꿀 수 없습니다.

그러므로 랑그는 사유하고 말하고 행동하는
인간의 무의식적 근간이 되는 겁니다.

두 번째, 소쉬르는 언어 요소인 기호를
시니피에와 시니피앙으로 구분합니다.

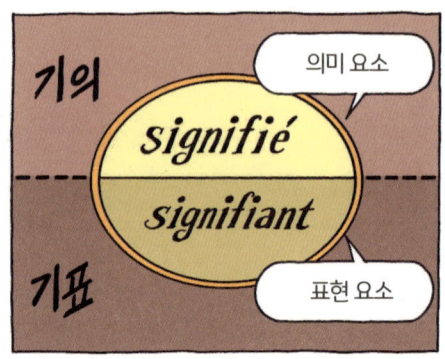

시니피앙 즉, 기표는 대상을 나타내는 발음기호이고,
시니피에 즉, 기의는 대상을 떠올리는 개념, 혹은 관념입니다.

전통적인 언어관으로는
기표와 기의를 원래부터 일치하는 관계로 여겨요.

하지만 소쉬르는 둘의 관계에 필연성이 없다고 보았어요.

대상을 가리키는 단어가 꼭 실제 대상을 의미할 근거가 없다는 거죠.

물론 의성어에서 유래한 단어들이 있지만
소쉬르는 무시해도 될 정도의 예외로 취급했어요.

이처럼 기호의 유래를 따질 때, 기표와 기의가 서로 무관하다면
언어가 자의적이라는 이론이 성립됩니다.

우리가 어떤 단어의 의미를 알기 위해 사전을 보면,
그 단어를 설명한 정의가 있죠.

그런데 그 정의는 또 다른 단어들의 나열로 구성됩니다.

자! 그렇다면 단어들의 의미는 어떻게 생성되고 통용될까요?

소쉬르에 따르면 기호는 상대적 관계에 따라 의미가 정해지고,

발음의 차이에 의해 개념이 생성된답니다.

그렇게 구조언어학의 기초를 다진 소쉬르는 학위논문을 제외하고는
아무런 저작도 강의도 남기지 않은 채 생을 마감했어요.

그래서 그의 강의를 들었던 제자들은 각자가 기록한 자료들을
모으고 정리해서 스승의 저서를 펴냈죠.

그것이 바로 현대 철학의 큰 흐름을 형성하고
구조주의자들이 교본으로 삼은 책.

에드문드 후설은
철학을 진심으로 사랑한 철학자였다.

진리를 탐구하고 존재를 진지하게 성찰해야 할 철학이
수리 과학과 기술로 무장한
실증주의의 득세로 뒷전이 되던 상황에서
엄밀한 학문의 반석을 새롭게 다지겠다는 기획을 하였다.

그의 프로그램은 과거에 데카르트가
철학의 제1원리를 세우고
칸트가 회의론으로부터
형이상학을 구출하려 했던 것과 흡사하지만,
인식의 주체와 객관 대상을 분리해 사유했던
관행을 따르지 않고
끊임없이 세계와 관계 맺는
의식의 진면목을 탐구했다는 차이가 있다.

그의 현상학은 20세기 철학에
중요한 이정표를 세웠다.

관습이나 상식에
의존하거나,

도덕적 양심이나
신념을 따르거나,

이성적인 태도로
임하거나.

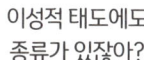

논리적 추론, 혹은 비판적 분석.

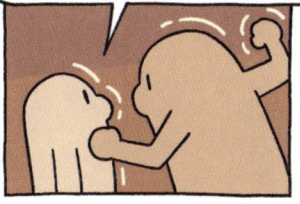

인문학적 사유나 철학적 성찰.

수학적인 해석과 과학적 입증.

그중에서 우리는 어떤 태도나
판단을 가장 신뢰할까요?

르네상스에서 근대를 거치며 누적된
과학적 발견과 성과들에 고무되어
자연과학에 비중을 둔 학자들은
자신감으로 충만한 상태였어요.

요즘도 그렇지만 19세기 후반 유럽도
그런 분위기였답니다.

그들은 과학이 모든 학문을
선도할 자격이 있다고 확신했죠.

원래 인간과 세계의 진리를 탐구하는
철학의 한 갈래로 출발한 과학이었지만,

단기간에 여타 분야들을 압도하는
지적 권력을 갖게 되었고,

급기야 학문의 주체인 인간의 정신마저
과학으로 설명 가능하다고 자부했어요.

그처럼 과학만능주의를 채택한 학문 풍조를
실증주의라고 하는데,

실증주의가 지식사회 전반으로 퍼져 나가던
당시 상황을 개탄하며

유럽 학문의 위기라고 진단한 사람이 있었어요.

바로 후설이었죠.
후설은 현상학으로 20세기 현대 철학의
문을 연 인물입니다.

과학이 다루는 현상이 객관적인 외부 대상이라면,

후설의 현상학은 현상을 경험하는 의식구조를 탐구해요.

그래서 후설은 세계를 대하는 태도를 둘로 구분했어요.

과학과 실증주의가 취하는 자연적 태도는

대상을 계량해서 나타내기에 용이한 면이 있지만

인간과 세계를 온전히 이해하기에는 한계가 있어요.

예를 들어 인간의 신체를 생물학적 특성으로 관찰하거나

정신 현상을 뇌 과학 혹은 심리학으로
분석할 수 있을지언정,

존재의 진리나 인생의 가치처럼
심오한 면까지 알 수는 없어요.

그럼에도 실증주의는 자연을 자원 공급처로 삼으며,

사회현상도 양적으로 파악하고 재단하는 걸 넘어

인간마저 도구화하는 우를 범합니다.

그래서 후설은 실증주의가 만연하던 세태를 「유럽 학문의 위기」라고 규정했고, 세계를 대하는 올바른 성찰적 태도로 「선험적 현상학」을 제안한 것입니다.

후설에 따르면 의식은 공간의 한 지점에
일시적으로 머물지 않아요.

카메라나 원근법의 시선은 사물의
한 측면만 포착해 고정시키지만

의식은 대상을 다각도로 감지하죠.

그리고 시간에 구애받지도 않고

대상이 가진 의미와 가치도 놓치지 않으며

내 의식에 대상을 오롯이 포함시켜요.

그렇게 대상으로 다가서는 의식의 성질을
지향성이라고 해요.

지향성을 가진 내 의식이 펼친 네트워크가
곧 나의 세계를 구성하는 것이죠.

후설은 그걸 **판단 중지**라고 부르는데,

우리가 인습적으로 파악하는 경험 사실들에 먼저 괄호를 치는 거예요.

그리고 괄호 안의 내용에 관해서는
관습적인 자연적 태도로 생각하기를 멈추고,

의식의 흐름이 밝혀주는 대상의 순수한 본질이
드러나기를 기다리는 거죠.

그리함으로써 대상의 단편적인 사실을
수용하는데 그치지 않고

보다 깊고 풍부한 의미들로 구성된
의식을 얻을 수 있다는 겁니다.

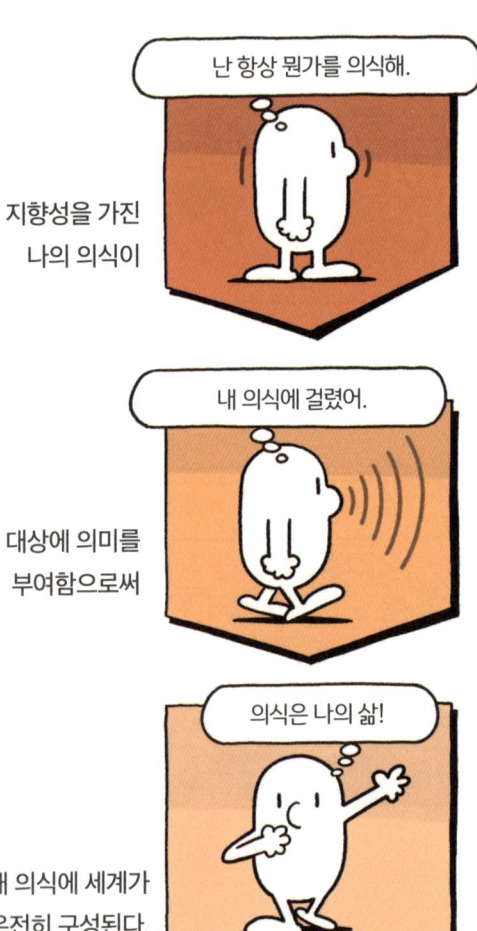

비트겐슈타인은 천재의 전형이었다.

청년 시절 단 세 학기 동안 철학을 공부한 후
20대에 쓴 논문 「논리철학 논고」와
"말할 수 없는 것들에 관해서는 침묵하라"라는
한마디 문장으로 현대 철학사에서 가장
돋보이는 위인이 되었다.

천재답게 예민한 성품으로 주변 사람들과
잦은 마찰을 일으켰으며
어느 세미나에서 『열린 사회와 그 적들』로 유명한
칼 포퍼에게 부지깽이를 들이댄
일화를 남기기도 했다.

또 그는 자기 철학의 결함을 스스로 비판하며
새로운 이론을 추가해
1막과 2막으로 구성된 두 가지 사상을 세운
보기 드문 철학자였다.

그는 오스트리아 철강 재벌의 막내 아들로 태어났어요.

돈도 많고 하인도 많고 교양 수준도 높았던 그 집안에는

이름만 들어도 알 만한 예술가들이 드나들 정도였대요.

그는 음악에 소질이 있고 사색도 즐기는 소년이었는데

아버지의 권유로 기술과 공학으로 진로를 정했어요.

그러나 청년 비트겐슈타인은 수리철학에 강하게 끌렸어요.

그래서 예나 대학의 저명했던 프레게 교수를 찾아갔는데,

그곳에서 만난 그 유명한 버트런드 러셀이
비트겐슈타인에게 홀딱 반했대요.

케임브리지에서 철학을 공부한 건 단 세 학기.

이내 노르웨이의 한적한 변두리로 떠나 지내다가

1차 대전이 발발하자 자원 입대했죠.

그리고 이탈리아군에 잡혀
포로로 지내는 동안
나름의 철학을 정리해서
한 편의 논문을 썼어요.

바로 그 논문이
오늘날에도 현대 철학의 명저로 손꼽히며
전세계 철학도들에게 선망의 대상인
「논리철학 논고」입니다.

전쟁이 끝난 후 그는 케임브리지로 돌아와
철학 강의를 맡으며 「논리철학 논고」로
박사 학위를 받았는데,

당시 논문 심사를 맡았던
러셀과 무어 교수의 어깨를 토닥거리며 위로했대요.

「논리철학 논고」는 일련번호를 매긴
간명한 문장들을 나열한 독특한 구성이었는데요.

> 1. 세계는 일어나는 일들의 총체다.
> 2. 일어나는 것, 즉 사실은 사태들의 존립이다.
> 3. 사실들의 논리적 그림이 사고다.
> 4. 사고는 뜻을 지닌 명제다.
> ⋮

100여 쪽 정도로 적은 분량에 담긴 내용은
그때까지의 철학을 향한
매우 대범한 선언이었어요.

언어의 한계는 세계의 한계를 뜻한다.

비트겐슈타인은 언어가
세계를 나타내는 그림이라고 보았어요.

언어로 세상 일을 표현하잖아.

즉, 세상의 사물과 사건들은 모두
언어로 묘사될 수 있기 때문에

언어를 통해 세계를 완벽히 알 수 있다는 겁니다.

우리가 쓰는 언어의 표현들은
모두 세계에 있으며,

세계에서 일어나는 사건들과
일대일로 대응합니다.

하지만 언어로 표현되지만
대상과 일치하지 않거나

지시하는 대상이 아예 세상에
없는 것들도 있습니다.

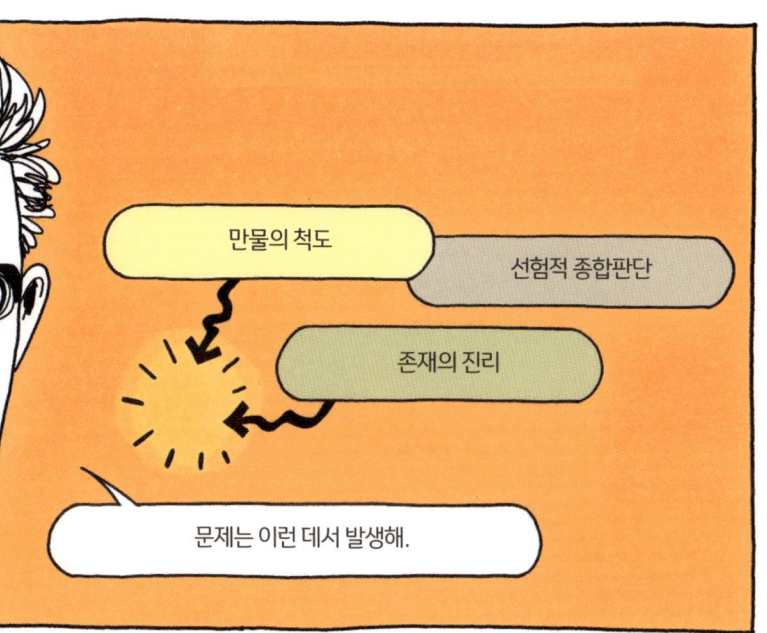

흔히 형이상학에서 다뤄지는 용어와 질문들.

이런 것들은 답할 수 없을 뿐더러 질문 자체가
무의미하기 때문에

의미 없는 말들을 늘어놓던 철학이
혼돈과 착각에 빠진다는 거였죠.

비트겐슈타인은 그런 철학의 문제를 한마디로 일축했어요.

말할 수 없는 것들에 관해서는

침묵하라!

막상 내뱉고 보니.

너무너무 뛰어나고 감동적인 한마디다.

그렇게 철학의 난제를 말끔히 해결했다고 자화자찬하고서

강단의 명예도, 막대한 유산도 모두 내던진 후

홀연히 철학계를 떠나버렸어요.

하지만 그가 철학계에 일으킨 파장은 그 후에도 잦아들지 않았는데,

특히, 과학적 언어를 추구한 논리실증주의자들이 열렬히 추종했어요.

형이상학을 퇴물 취급하던 이들에게
비트겐슈타인의 주장은 더없이 명쾌했던 거죠.

그래서였는지,

교직 생활에서 벌어진 불미스러운 일 때문이었는지,

약 10년이 지난 후에 그는 다시 대학 강단으로 돌아왔어요.

그런데 복귀한 그가 강의한 내용은
이전에 내놓았던 사상과 사뭇 달랐는데,

「논리철학 논고」의 핵심적인 내용을
스스로 비판하며 새로운 주장을 전개했어요.

그의 새 이론에 따르면, 단어나 문장들은
항상 같은 의미로만 쓰이지 않아요.

오히려 용법과 상황에 따라 의미가 달라질 수 있어요

그래서 단어나 문장 자체보다
그걸 사용하는 맥락에 주목해야 하는 거죠.

낱말은 마치 체스 게임의 기물과 같아서

룰과 상황에 따른 역할과 의미가 있듯이

우리는 일상 언어의 룰을 익히며 언어 게임에 참여한다는 겁니다.

그리고 그 게임의 룰에도
진리나 존재의 본질 같은
형이상학의 주제는 포함되지 않아요.

다만 그의 생각이 실증주의자들과 다른 점은
그러한 주제들을 결코 경시하지 않았다는 거예요.
오히려 더 중요한 문제들이기에 섣불리 말해선 안 된다는 거였죠.

언어 게임에 관한 강의는 그가 죽은 후에 책으로 엮여
『철학적 탐구』라는 제목으로 세상에 나왔어요.

전통적인 형이상학에서는
신 또는 사물의 원형인 이데아 같은
보편자의 존재 유무를 따져 물었다.

특히 근대 철학의 주류였던 인식론의 주된 관심사는
존재하는 대상을 어떻게 경험하고
어떻게 올바로 아는지,
즉 존재하는 대상과 관념의 일치 여부였다.

하지만 현대 철학으로 넘어오는 길목에서 사유했던
마르틴 하이데거는 생각하는 주체의
외부에 존재하는 사물로서의 대상이 아닌
존재 자체를 숙고했으며,
스스로의 존재를 문제 삼는 유일한 존재자인 인간을
자기 철학의 주제로 삼았고
불후의 명저『존재와 시간』을
세상에 남기고 떠났다.

그렇게 당연한 것이어서 철학자들도
과거엔 그리 깊이 따져 묻지 않았나 봐요.

오래 전 플라톤으로부터 철학자들이 매달린 주요 과제는
존재하는 것들의 참모습에 대해서였어요.

만물의 근원이 무엇인지에서부터

사물의 근본 형상은 무엇인지

과연 보편 존재는 실재하는지

그리고 우리의 판단은 세계에 대한 올바른 지식인지 등등.

그처럼 존재에 관한 물음은 주로 인식의 차원에서 다뤄졌으며,

존재 자체는 철학적 탐구의 전제 조건으로 여겨졌죠.

하지만 마르틴 하이데거는 달랐어요.
그는 평생에 걸쳐 오직 존재만을 탐구한 철학자였어요.

하이데거는 우리가 흔히 혼용하는
존재의 개념을 구분했어요.
그리고 더욱 순수한 의미의 존재 일반을 알아보려고 했죠.

그런데 세계에 존재하는 것들 중
유달리 특별한 존재자가 있는데, 바로 인간이랍니다.

인간은 존재자로서 세계의 일부이면서도
세계와 다른 존재자들을 마주 대하면서,
스스로의 존재에 대해 의문을 가지는 유일한 존재자라는 겁니다.

그래서 하이데거는 인간을 여타 존재자들과 다른 이름으로 불렀어요.
그가 붙인 이름은 **현존재**였어요.

하이데거는 존재의 모습이
시의 언어를 통해 드러날 수 있다고 보았거든요.

아무튼 현존재가 세계를 마주한다는 건
대상을 객관적으로 놓고 관찰한다는 의미가 아니예요.

자신이 속한 세계에 관심을 갖고
관계 맺으며 참여한다는 뜻이죠.

하이데거는 이러한 현존재를 탐구하는 것이
존재를 아는 길이라고 보았어요.
알고 보면 현존재, 즉 인간은
세계를 대상화하는 주체가 아니라
세계 속에서 행위 그 자체로 존재해요.

그리고 세계를 대할 때 선후관계를 따지는 이성보다
일상적인 관심을 따르죠.
그런 인간의 존재 방식을 또 나름의 언어로 표현했어요.

하이데거에 따르면 인간 이외의 다른 존재자들은
'세계 내 존재'가 아니었어요.

돌 같은 사물이나 동식물은 세계를 구성하는 일부일 뿐.

그것들은 인간처럼 세계와 관계 맺지 않아요.

이를테면 인간은 무규정으로 세계에 던져진 거예요.

우연적이고 맹목적인 채 피투된 현존재.

그런 인간 존재의 본질을 부르는 말이 있어요.

그 때문에 인간은 늘 불안해하죠.

두려움과 달리 정해진 대상이 없는 불안.

불안한 실존을 떨치려고
유행에 휩쓸리거나 뒷공론에 가담하는 등
존재의 고유성을 잃고
평균 수준으로 자기를 전락시킵니다.

하이데거는 실존의 불안을 극복하려면
시간의 끝인 죽음을 직시하라고 했어요.

인간의 존재는 피투적이면서
동시에 **기투**적이에요.

현존재의 기투성은 삶에 자유와
가능성을 부여해줘요.

하이데거는 실존의 불안을 극복하려면
시간의 끝인 죽음을 직시하라고 했어요.
그건 예전에 키르케고르가 '죽음에 이르는 병'에 걸린 인간에게
'신 앞에 선 단독자'가 되라고 했던 충고와 닮았어요.

그러한 자각을 통해 현재의 삶을 스스로 규정하는
본래적 실존을 회복할 수 있다는 거였죠.
본래적 실존이라 함은 능동적이고 주체적인 삶을 의미하고요.

해군 장교인 아버지와
그 유명한 슈바이처 가문의
어머니 사이에서 태어난 장 폴 사르트르는
유복한 가정에서 자라면서도 늘 자기 정체성과
자신을 둘러싼 세계에 관한 고민에 몰두했던
전형적인 지식인이었다.

독일에서 공부할 당시
후설과 하이데거의 현상학과 의식 연구에서
힌트를 얻어 응용한
자신의 철학에 실존주의라는 이름을 붙여
철학서인 『존재와 무』, 소설 『구토』
그리고 희곡과 시 등을 통해 전개했다.

철학자이자 문필가로 널리 이름을 알리며
실존사상의 전도사 역할을 했던 사르트르는
고국인 프랑스 외에도
알제리, 베트남, 미국, 소련, 동아시아 등
세계 곳곳의 정치 문제에도 관여해
적극적으로 자기 목소리를 내는
실천가의 삶을 살기도 했다.

그러니까 요즘 말로 하자면 철학계의 '셀럽'이랄까요?

사르트르가 유명한 건, 그의 사상이 제대로 보급되어서라기 보다

어쩌면 생전의 여러 행보가 두드러졌기 때문일 거예요.

사르트르는 20세기 철학사에 극적이고 절묘한 화두를 던진 사상가였으며,

자기 사상을 시나 소설, 희곡 등의 문예 창작물로 발표해
인정받은 문학가이기도 했어요.

또 지성과 미모를 겸비한 시몬 드 보부아르와의 계약 결혼으로
세간의 주목을 끌었고,

2차세계대전 당시 레지스탕스 활동을 하다가
전쟁 포로로 수용되었는가 하면

미국의 베트남 전쟁 반대 등 현실 문제에 적극 참여한
실천가로 활약했어요.

그리고 1964년 노벨 문학상 수상을 거부한 일로
수상자들보다 더 오래 가는 명성을 얻었죠.

그건 사르트르가 1946년에 펴낸 강연집
『실존주의는 휴머니즘이다』에서 한 말이에요.

인간의 삶에 대한 자신의 통찰을
함축해서 제시한 유명한 문장이죠.

세상의 모든 사물들이 그러하고,

생태계의 동식물들도 어쩌면 그러하듯이.

다 나름의 이유로 존재의 본질을 갖고 있죠.

그렇다면 인간은 어떨까요?

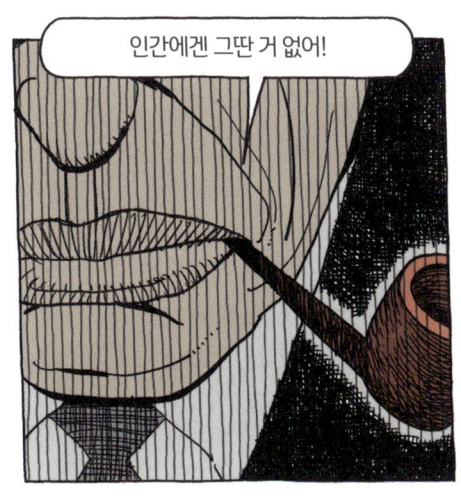

바로 그런 존재의 상황을 일컬어 **실존**이라고 해요.

애초에 인간에게 미리 부여된 본질이란 없다는 거예요.

사실 사르트르의 생각이 파격적이긴 해요.

전통 철학에서는 세계와 인간 존재의 보편적인 원리를 따졌지, 그 본질을 아예 배제하지는 않았거든요.

인간이라면 어떻게 사유해야 하는가?

인간이라면 어떻게 살아야 하는가?

그리고 본유관념이나 이성을 두고 논쟁을
벌였던 근대 철학자들 또한 인간 본성에
관해서는 늘 염두에 두는 경향이었어요.

하지만 사르트르는 본질과 실존의 우선 순위를 바꿈으로써

인간 존재의 무상함을 여실히 드러낸 것이지요.

이처럼 자신의 존재론이 이전의 것보다
타당하다고 자신했던 데에는

그가 철저한 무신론자였던 이유도 있어요.

창조주, 즉 절대적 존재인 신이 부여한 존재의 의미와 목적이 없다면,

생후에 체득되는 삶의 가치들은 사회문화적으로 구조화된 역사적이고 상대적인 것이 되므로

보편적 의미의 본질일 수 없기 때문이지요.

그렇게 실존을 전면에 내세운 주장을 『존재와 무』라는 책에 철학적으로 기술했는데요,

의식은 항상 대상을 향해 열려 있으며
끊임없이 사물의 의미를 구성하죠.

그런 지향성에 따라 의식은 언제나 무엇에 대한 의식이기 때문에

아무런 대상을 향하지 않는 고정된 의식은 있을 수 없어요.

바로 그런 의식을 가진 인간의 존재 방식을
사르트르는 대자존재라고 칭했어요.

반면, 의식이 없는 사물들은 즉자존재라고 했고요.

그런데 사르트르가 말한
존재의 자유는 결코 새털처럼 가볍지 않아요.

인간은 자기 본질을 만들어가는 과정에서
늘 선택에 직면하게 되는데,

그 선택은 회피할 수도 미룰 수도 없어요.

어떠한 사전 지침이나 안내도 없이
오직 자신만이 선택하고 결정해야 하는 거죠.

선택은 늘 책임을 수반해요.

그건 또 자신뿐 아니라 모두에게 미칠 선택에 대한 책임이에요.

이처럼 정해진 답이 없이 선택하고 책임져야 하는
인간은 불안할 수밖에 없어요.

그래서 사르트르는 또 이렇게 말했어요.

인간은 그런 실존 방식으로 세계에 던져졌으니까요.

그리고 스스로를 세상에 던지며
자기 삶을 살아내야 할 숙명을 가진 존재니까요.

* 알베르 카뮈(Albert Camus)
사르트르와 동시대를 살았던 실존주의 문학가.
저서로는 『페스트』, 『이방인』, 『전락』, 『시지프스의 신화』 등.

자크 라캉은 프랑스 파리에서 태어나
유복한 환경에서 의학 공부를 많이 한 정신과 의사였다.

정신병 환자들을 치료하고 연구하는 과정에서
프로이트의 무의식에 관한 이론을
적극적으로 참고했던 라캉은
인간의 무의식이 작동하는 방식이
구조언어학의 체계와 매우 흡사하다는
결론을 이끌어내며 희대의 명저,
『에크리』를 출간했다.

이 책은 읽기 까다롭기로 정평이 났는데
그도 그럴 것이 결코 다 헤아릴 수 없는 무의식과
언어의 구조가 같다는 입장을 견지하는
파격적인 언어로 쓴 책이기 때문이다.

맞아요. 구조주의자들은 언어 체계가 무의식이라는 추론에 입각해
인간의 주체성을 허물고자 했지만

그 주장에 따르면 그런 주장 역시 무의식의 산물이 되기에
현실적 타당성을 얻기 어렵게 되죠.

그뿐 아니라 그들 또한 무의식을 온전히 들여다보고
지각해본 경험이 없다는….

프랑스의 저명한 정신분석학자, 자크 라캉.

철학사에서 구조주의를 소개할 땐 항상 등장하는 이름입니다.

그는 자기 전공 분야인 정신분석에 구조언어학을 적용했어요.

프로이트는 인간의 의식 이면에
꽤 큰 사이즈의 무의식 영역이 있다고 봤어요.

무의식은 원초적인 욕구, 그리고
검열과 억압이 충돌하는 영역이며,

그런 무의식의 영향을 받아서
정제된 의식을 갖추는 게 바로 자아의 모습이죠.

사회문화적 변기에
앉아서 똥 싸는 나.

안 돼!

안 돼!

초자아 superego

막 싸지르면 그건 짐승!!

이드가 욕구라면 초자아는 금기를 알리는 일종의 알람인 셈인가?

이 과정에서 경계를 넘지 못한
욕구들은 무의식에 억압된 채로 남게 돼요.

예를 들면, 신경증 환자의 망상.

또는 꿈을 통해서죠.

하지만 이때 나타나는 '징후'만으로는 무의식의 의미를
이해할 수 없습니다.

왜냐하면 억압된 욕구가 간혹 드러날 때는 이치에 맞지 않게
왜곡된 형태로 나타나기 때문이죠.

그래서 프로이트는 징후의 조각들을 맞춰서 무의식을 해석하는 걸
정신분석학의 과제로 삼았어요.

즉, 위장되어 나타난 무의식의 의미를 밝히는 것.

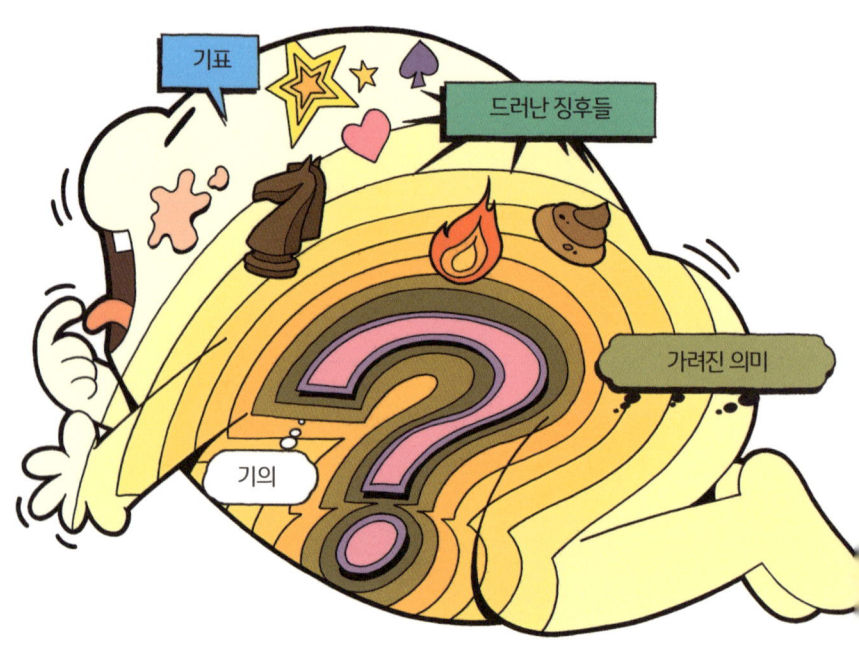

소쉬르가 언어 요소를 기표와 기의로 나눴듯이, 무의식의 징후와 의미는 각각 기표와 기의에 해당되는 것이야.

기표가 기의에 대해 자의적인 것처럼, 징후도 의미를 온전히 가리키지 않겠군?

호오!

그걸 두고 라캉은
"기표가 기의에 닿지 않고 미끄러진다"라고 했어요.

그래서 의미(기의)를 해석하려면 징후(기표)들 간의 관계를
살펴야 된다고 합니다.

언어 표현에서 '은유'나 '환유' 같은 수사법이 쓰이는 것처럼

무의식이 징후로 드러나는 방식 또한 그렇기 때문이죠.

라캉이 또 이런 말을 했어요.

인간의 욕망은 자율적으로 추구하는
주체적 바람이 아니라는 말이에요.

상징계
THE SIMBOLIC

말 ↙

맘마~!

응가~!

언어를 배우고 언어를 통해 욕구를 표시하죠.

상상계는 생후 6~18개월 즈음 유아가
거울에 비친 모습이나 외부 대상 등을 통해 자기 모습을
상상하며 모호하게나마 자아가 형성되는 영역입니다.

그 시절 유아는 욕구를 발산하는데 거리낌이 없어요.
굳이 의식하지 않고 드러내기에
억압될 욕구도 없고요.

구조언어학적으로 설명하자면,
기표와 기의가 분리되지 않은 상태라고 할 수 있겠죠?

그런데 아이가 상징계로
들어서면서 문제가 발생해요.

상징계는 규범과 체계가 있는 언어의 세계로,

무분별한 욕구의 표시가 용인되지 않는 영역입니다.

그래서 상징계에서 기표를 찾지 못한 욕구는 억압되어 영영 무의식에 남게 되죠.

상징계, 즉 언어의 세계로 진입한다는 건 문화적 존재로서의
인간이 된다는 걸 의미하며,

그 과정에서 경계를 통과하지 못한
욕구는 무의식의 욕망, 즉 자아의 영역에 속하지 못한 욕망,

의식 세계에는 억압된 욕망을 나타낼 언어 기호가 없기 때문에
요구조차 할 수 없어요.

그래서 기표가 기의에 닿지 못하고 미끄러지듯이 끊임없는
욕망의 환유 연쇄가 일어나죠.

근본적으로 해소될 수 없는 결핍. 그 결핍의 구조가 무의식이 되어
인간 삶의 바탕을 이룬다는 것.

또 그런 무의식의 구조는 모든 인간의 사유와 행위에 영향을
끼치는 근간이 된다는 점.

하나는, 인간은 결코 돌이킬 수도 채울 수도 없는
상실과 결핍의 상태로 살아가야 한다는 것.

언어처럼 구조화된 무의식을 지닌 존재로 살아가야 하기에,

바꿔 말해, 무의식적 언어를 통해 생각하고 살아가는 한,

인간이 합리적 이성을 발휘한다고 믿었던
기존의 통념은 깨질 수 밖에 없으며,

또한 삶은 스스로 선택하고
책임지며 감내하는 것이라는
실존주의자들의 견해와도 달리

삶이 자기 의지와 무관하게, 타자화된
구조에 의해 조성된다는 걸 의미해요.

흠… 구조주의는 왠지
씁쓸한 맛이군.

철학이란 그런 맛도
있어야지 않겠어요?

EPILOGUE

경자 씨!

사람들은 종종 이런 말을 하잖아요?

무슨 말?

"철학이 없어" 혹은 "철학이 빈곤해" 같은 말이요.

누군가를 향한 말일 때도 있고,

때론 어떤 일이나 사안에 관해,

심지어 사물에 대해 그렇게 말하기도 하죠.

신념이나 가치관?

경험과 지식의 바탕?

시대정신 같은 것?

아니면 정말 어떤 철학을 말하는 걸까요?

철학의 부재를 말하는 사람에게 같은 취지의 질문을 한다면,

과연 어떤 답을 들을 수 있을까요?

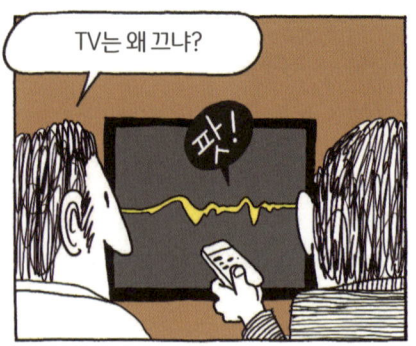

이를테면, 뭔가에 애착이 생기거나
누군가를 사랑하게 되었을 때,

그에 대해 더 많은 걸 알고 싶고,

그래서 생각하고, 탐구하고, 이해하고….

또 때로는 애정어린 비판을
하게 되는 것처럼 말이야.

나 자신과 나의 인생을 건성으로 대하며 흘려보내지 않고

더 진지하게 성찰하고, 궁금증을 풀려고 애쓰다 보면

그런 생각과 마음들이 모여 나의 존재론이 되겠지?

그리고 내 일과 내가 가진 것들을 주의 깊게 바라보면서

그 속에 담긴 가치를 찾아내려고 노력할 때,

나의 인식은 더 확장되고 풍부해질 거야.

더 나아가 타인들과의
관계를 살피면서

무엇이 올바른지를
곰곰이 따지고,

돌이켜 스스로를 향해
반성의 잣대를 세우다 보면

제법 반듯한 나의 윤리학도
갖춰지지 않을까?

사회와 역사를 향해 끊임없이 비판하며 새로운 길에 관한 논쟁을 거듭하고

이성적 주체인 인간 형식을 허물고, 또 허물고.

모더니즘을 포함한 현대적 삶의 동력원을 근본적으로 물갈이할 것을 요구하면서

지금도 세계의 철학자들은 사유의
해체와 구축을 반복하고 있어요.

화가는 마주한 세계에서 뭘 찾고자 그림을 그리는지?

도무지 이해하기 어려운 그림이 왜 찬사를 받는지?

예술가의 무모한 행위는 왜 역사에 기록되는지?

그리고 천재, 신동이라 불린
예술가들은 왜 그토록 남달랐는지?

그들의 재능은 선험적인지? 아니면
학습과 노력으로 이뤄진 것인지?

그들을 둘러싼 전설은 또 어떻게 만들어졌는지?

그런 문제들을 다루는 학문을 '미학'이라고 하는데, 예술사학이나 예술사회학의 관점에서 보는 것도 흥미롭죠.

흠… 아쉽네?

그 미학이란 걸 못 배워서.

미학도 일종의 인식과 판단 행위니까 사물에 대한 생각을 키워가다 보면 나름대로의 예술관을 갖게 될 거예요.

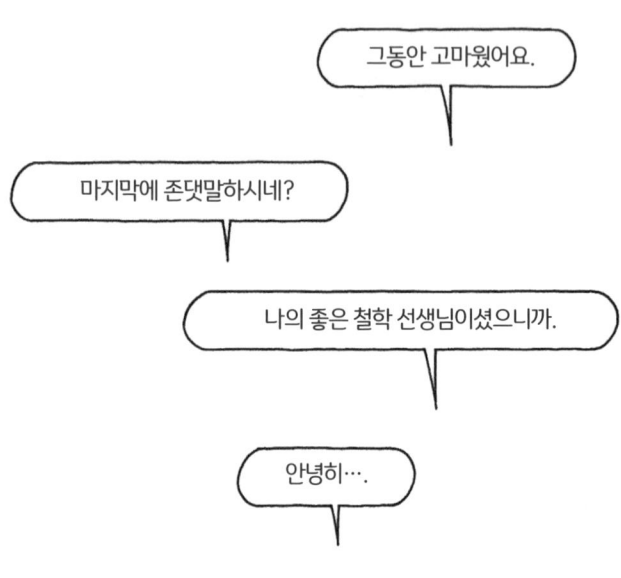

만화로 보는 3분 철학
③ 서양 현대 철학편

초판 1쇄 발행 2022년 5월 9일
초판 13쇄 발행 2025년 6월 27일

지은이 김재훈, 서정욱
펴낸이 민혜영
펴낸곳 카시오페아
주소 서울특별시 마포구 월드컵로14길 56, 3~5층
전화 02-303-5580 | **팩스** 02-2179-8768
홈페이지 www.cassiopeiabook.com | **전자우편** editor@cassiopeiabook.com
출판등록 2012년 12월 27일 제2014-000277호

ⓒ김재훈, 서정욱 2022
ISBN 979-11-6827-034-3 03160

이 책은 저작권법에 따라 보호받는 저작물이므로 무단전재와 복제를 금하며,
책의 전부 또는 일부를 이용하려면 반드시 저작권자와 (주)카시오페아 출판사의
서면 동의를 받아야 합니다.

- 잘못된 책은 구입하신 곳에서 바꿔드립니다.
- 책값은 뒤표지에 있습니다.